मैजिक बॉक्स

स्लो इंप्रिंट की अन्य किताबें

मैं अक्सर सोचता हूँ

गाँव से बीस पोस्टकार्ड

जंगली फूलों सी लड़की

कालजयी: कहानियां वेदों पुराणों से

नीलेश मिसरा की दुनिया से जुड़ने के लिए
स्कैन करें नीचे दिया गया QR कोड

नीलेश मिसरा की प्रस्तुति

मैजिक बॉक्स

अनुलता राज नायर
दीपक हीरा रंगनाथ
अनीता सेठी
दीक्षा चौधरी

eka | SLOW IMPRINT

Published in Hindi as *Magic Box* in 2024 by Westland Books, a division of Nasadiya Technologies Private Limited, in collaboration with Gaon Connection Pvt. Ltd

No. 269/2B, First Floor, 'Irai Arul', Vimalraj Street, Nethaji Nagar, Alapakkam Main Road, Maduravoyal, Chennai 600095

B-36, First Floor, Flat No. 2, Panchsheel Vihar, Malviya Nagar, Behind Community Centre, New Delhi 110017

Westland, the Westland logo, Eka and the Eka logo are the trademarks of Nasadiya Technologies Private Limited, or its affiliates.

The Slow Imprint is a publishing initiative by Gaon Connection Pvt. Ltd

Text illustrations by Diksha Mishal Corpo

ISBN: 9789360457150

10 9 8 7 6 5 4 3 2 1

Typeset by Digiultrabooks Pvt. Ltd

Printed at Nutech Print Services, India

विषय-सूची

रूमी की छतरी

अनुलता राज नायर

रूमी को स्कूल जाना बहुत अच्छा लगता था। उसके दोस्तों की मम्मियां अपने बच्चों को बार-बार जगातीं। कभी अलार्म बजातीं, तो कभी गाना गातीं 'उठो लाल अब आंखें खोलो, पानी लाई हूं मुंह धो लो' और कभी तो ग़ुस्से से चिल्ला भी देतीं, लेकिन बच्चे बिस्तर नहीं छोड़ते थे। पर रूमी ऐसा नहीं था। वो अपनी माँ की एक आवाज़ में झट से उठकर बैठ जाता। जल्दी से तैयार होकर माँ के साथ स्कूल जाता और जब स्कूल ख़त्म होता तो वो अकेले घर लौट आता।

माँ ने उसको सिखा रखा था, "स्कूल से सीधा घर आना, इधर-उधर कभी नहीं जाना।"

रूमी माँ की हर बात मानता और स्कूल से सीधा ... एकदम सीधा घर आता। यानी उसके पांव तो एकदम सीध पर पड़ते मगर आंखें ... उसकी आंखें तो गोल-गोल कंचों की तरह यहां-वहां लुढ़कती रहतीं।

कभी उसे चीटियों का पहाड़ दिखता, कभी बेरियों का

झाड़, कभी बिना छाया वाला ताड़, तो कभी मौसी के घर का किवाड़! रूमी रुककर सबको टुकुर-टुकुर देखता, पर मुड़ता नहीं था।

एक दिन रास्ते में बारिश शुरू हो गई। रूमी भीगने लगा। तभी रूमी को एक मेंढ़क दिखा। हरी घास पर उछलता हरियाला मेंढ़क। रूमी की आंखें चमक गईं। मेंढ़क के सिर पर तो एक छतरी थी। रूमी धीरे से उसके पास पहुंचा तो देखा उसके ऊपर बिल्कुल पानी नहीं आ रहा था और वो मस्ती से आंखें मिचमिचाता टर्र-टर्र टर्रा रहा था।

रूमी को बड़ा मज़ा आया। घर पहुंचते ही वो माँ के पास गया और झट से अपनी मांग उनके सामने रख दी। माँ तौलिए से उसका सिर पोंछ रही थी और वो आंखों से बाल हटाकर उनसे ज़िद कर रहा था, "माँ मुझे छाता चाहिए और अभी-अभी या कल ही चाहिए।"

माँ ने उसका माथा चूम के समझाया, "अभी तो बरसात का मौसम नहीं है। आज तो ऐसे ही बेमौसम बारिश हुई। अभी दो-तीन महीने रुक जा, तब तक मेरी गुल्लक भी भर जाएगी, तब ख़रीद लेना।"

पर रूमी को अभी आटे-दाल का भाव कहां पता था! वो तो डबडबाई आंखों से माँ को ताकता रहा।

अगले दिन रूमी स्कूल से लौटा तो उसके कमरे में एक बड़ी सी काली छतरी रखी थी। रूमी एकदम ख़ुश हो गया। उसने छतरी खोली और अपने सिर के ऊपर तान ली। ख़ुद को आईने में देखा और फिर बाहर भागा।

उसने छतरी अपने दोस्तों को दिखाई, अपने सिर के ऊपर गोल-गोल घुमाई और फिर वापस घर की ओर दौड़ लगाई।

अब रूमी रोज़ अपने बस्ते के साथ छाता भी स्कूल ले जाता। घर लौटते हुए ऊपर आसमान को देखता कि कहीं से दो बूंद गिरें और वो हरियाले मेंढ़क की तरह छतरी खोल ले। पर बारिश नहीं हुई। कई दिन बीते पर न बादल आए, न बरसात हुई।

रूमी की ख़ुशी धीरे-धीरे उदासी में बदलने लगी। यानी रूमी को छतरी तो मिली पर बारिश ... बारिश कोई कहां से लाए? माँ से ज़िद करने से बरसात थोड़े ही आ जाएगी!

एक दिन रूमी माँ के साथ स्कूल से आ रहा था तो उसने आसमान की ओर देखा। सूरज की तेज़ किरणों से उसकी आंखें चौंधिया गईं।

उसने पलकें बंद कर लीं। आसमान से तो नहीं पर उसकी आंखों से दो बूंद आंसू टपक आए। दो और टपकते, तभी माँ ने उसके हाथ से छतरी ली और खोल दी।

अरे! धूप गायब!

रूमी के सिर पर एकदम से ठंडी छांव आ गई।

माँ हंस के बोलीं, “छाता दो-दो काम करता है। ये हमें पानी से बचाता है, तो धूप से भी तो बचाता है!”

रूमी ने माँ के हाथ से छाता ले लिया और गोल-गोल घूमकर नाचने लगा। दूर घास में बैठा हरियाला मेंढ़क बिना बरसात के ही टर्र-टर्र टर्राने लगा।

ख़ुश होने के लिए भला बारिश का कौन इंतज़ार करे!

नीलू राक्षस और कछुआ

दीपक हीरा रंगनाथ

बहुत समय पहले की बात है। नीली नदी के पीछे, काली पहाड़ी के नीचे, घने हरे पेड़ों के बीच एक गुफ़ा थी। काले पत्थरों की गुफ़ा, लेकिन उस गुफ़ा का दरवाज़ा हमेशा बंद ही रहता था। पता है वो कब खुलता था? जब पूर्णिमा की रात, आसमान में पूरा चांद नज़र आता। हर पूर्णिमा की रात एक पेड़ से सफ़ेद फूल झड़ते और गुफ़ा के दरवाज़े के पास आकर गिरते, तब एक पत्थर थोड़ा-थोड़ा खिसक जाता और गुफ़ा का दरवाज़ा खुल जाता।

काली गुफ़ा के अंदर रहता था राक्षसों का परिवार। उनके लंबे-लंबे डरावने नाखून थे, बड़े-बड़े नुकीले दांत थे और उनमें बहुत ताक़त भी थी। जो भी उनको देखता, डरकर भाग जाता। राक्षसों के परिवार में सुंदर नीली आंखों वाला, एक छोटा सा राक्षस रहता था। उसकी नीली आंखों के कारण उसका नाम नीलू राक्षस था। नीलू दिन भर गुफ़ा के अंदर खेलता-कूदता और ख़ूब सारा खाना खाता। वो पेड़ों

से गिरे हुए फल खाता, तितलियों के साथ खेलता, फूलों को सूंघता और झरनों का पानी पीता।

काली गुफ़ा के अंदर नीलू राक्षस का सिर्फ एक दोस्त था, और वो था एक कछुआ। हां, एक बहुत बूढ़ा कछुआ जो पिछले चार सौ साल से इस गुफ़ा में रहता था। इस कछुए के गले में जादुई हीरा था। जब भी हीरे की रोशनी राक्षसों पर पड़ती, वो और जवान हो जाते। उस हीरे के कारण वो सब कभी बूढ़े नहीं होते थे इसीलिए राक्षसों ने उस कछुए को पकड़कर रखा था।

अब कछुआ नीलू राक्षस का दोस्त बन गया था। एक दिन कछुआ बहुत दुखी था। नीलू राक्षस कछुए के पास जाकर बैठ गया और उसकी पीठ पर हाथ फेरते हुए बोला, "क्या हुआ दोस्त? तुमको क्या अपने घर की याद आ रही है?"

जैसे ही कछुए ने ये बात सुनी तो वो फूट-फूटकर रोने लगा, "हां नीलू, मुझे मेरे समंदर की बहुत याद आती है। यहां सब राक्षसों ने मुझे बांधकर रखा है। मैं अपने घर कभी नहीं जा पाऊंगा।"

नीलू को भी ज़ोर से रोना आ रहा था। उसने कछुए के पांव

की तरफ़ देखा, जो बड़ी सी ज़ंजीर और ताले में बंधा हुआ था। नीलू को पता था कि इस ताले की चाबी उसके पापा के मुंह के अंदर रखी हुई है।

वो पूर्णिमा की रात का इंतज़ार करता रहा। जैसे ही आसमान में गोल-गोल चांद आया, नीलू ने देखा कि गुफ़ा का दरवाज़ा खुल गया। उसके पापा अभी भी सो रहे थे और ज़ोर-ज़ोर से खर्राटे मार रहे थे। नीलू धीरे से उनके पास पहुंचा। खर्राटे मारते हुए जैसे ही पापा का मुंह खुला, नीलू ने झट से हाथ डालकर चाबी निकाल ली।

अब वो कछुए के पास पहुंचा और उसके पांव से बंधी ज़ंजीर खोलने लगा। सुबह होने वाली थी। समय बहुत कम था क्योंकि जैसे ही सूरज की रोशनी दरवाज़े को छूती, वो अपने आप बंद हो जाता।

नीलू ने जल्दी-जल्दी कछुए को खोल दिया और दोनों दरवाज़े की तरफ़ दौड़ने लगे।

लेकिन कछुए की चाल तो धीमी होती है, तो वो बहुत धीरे-धीरे चल रहा था। गुफ़ा का दरवाज़ा बंद होने वाला था। नीलू परेशान हो गया कि ऐसे तो कछुआ यहीं क़ैद रह जाएगा। नहीं-नहीं ऐसा वो होने नहीं देगा।

उसने झुककर एक झटके में कछुए को गोद में उठा लिया और दरवाज़े की तरफ़ भागने लगा। दरवाज़ा बंद हो ही रहा था कि नीलू ने कछुए को बाहर छोड़ दिया।

कछुआ बहुत ख़ुश था क्योंकि अब वो अपने घर जा सकता था। लेकिन वो थोड़ा सा दुखी भी था क्योंकि वो अपने दोस्त नीलू से दूर जा रहा था।

नीलू ने उससे वादा किया, "मैं हर पूर्णिमा की रात तुमसे मिलने आऊंगा। समंदर किनारे मेरा इंतज़ार करना दोस्त।"

कछुए ने नीलू को अपने मुंह से जादुई हीरा निकालकर दे दिया और बोला, "इस हीरे में बहुत ताक़त है, लेकिन इस ताक़त को तुम सबकी मदद करने के लिए ही इस्तेमाल करना। किसी को परेशान मत करना वरना ये हीरा अपने आप फूट जाएगा।"

कछुआ चला गया। जब नीलू के पापा और बाक़ी राक्षसों को इसके बारे में पता चला तो पहले तो वे नीलू पर बहुत नाराज़ हुए लेकिन फिर उनको समझ में आया कि नीलू ने एक अच्छा काम किया है। सबको समझ आ गया कि ऐसे ही अच्छे काम करने चाहिए। अपनी ख़ुशी के लिए किसी और को दुःख देना अच्छी बात नहीं।

उस दिन के बाद से सारे राक्षस पेड़ों से गिरे हुए फल खाते, और झरनों का पानी पीते। उन्हें अब बूढ़े होने से डर नहीं लगता था और नीलू राक्षस और कछुआ हर पूर्णिमा की रात समंदर किनारे रेत पर बैठकर ख़ूब बातें करते।

चांद सूरज में हुई खटपट

—

अनुलता राज नायर

जंगल एकदम शांत था। जंगल वैसे भी शांत ही रहता है। वहां इंसान नहीं रहते ना इसलिए न गाड़ियां हैं, न गाड़ियों के हॉर्न ... न लाउडस्पीकर हैं, न मशीनें। पर आज जंगल की शांति कुछ अलग थी क्योंकि एक बड़े झगड़े का अंत हुआ था। अब झगड़ा क्या था और सुलझा कैसे इसकी एक कहानी है।

जंगल में दो तरह के जीव-जंतु यानी जानवर और पक्षी रहते थे। एक वो जिन्हें रात पसंद थी जब घुप्प अंधेरा रहता, चारों ओर काला-काला ... जब दूर आसमान में जगमग तारों के बीच दूध जैसा सफ़ेद चांद चमकता। दूसरे वो थे जिन्हें दिन पसंद था। जब नीले आसमान में पीला सूरज दिखता। जब सब तरफ़ उजाला रहता, पेड़ हरे दिखते, रंग-बिरंगे फूल दिखते, नदी का पानी दिखता, पहाड़ भी दिखते।

तो किस-किस को रात पसंद थी? रात पसंद थी काले पंख वाले, एकदम चूहे जैसी सूरत वाले चम्मू चमगादड़ को, बड़ी-बड़ी आंखों वाले गुल्लू उल्लू को, अंधेरे में

टॉर्च जैसी लाइट लेकर उड़ने वाले टिमटिम जुगनू को, और अपने पंखों को रगड़-रगड़कर किर्र-किर्र आवाज़ करने वाले झींझीं झींगुर को। और दिन पसंद था रंगीली तितली को, डालों पर फुदकती मैना को, कूकती कोयल को, ठक-ठक करते कठफोड़वा को, कुट-कुट करते बसंता को, मस्त हाथी को और गुर्राते शेर को भी।

तो झगड़ा किस बात का था? जंगल में तो सब मिलजुल कर रहते थे। सबकी अपनी-अपनी जगह थी, सब एकदम ख़ुश थे। पर एक दिन दूर आसमान में सूरज और चांद में बहस शुरू हुई।

चांद बोला, "आसमान की बात हो तो सब चांद की बात सबसे पहले करते हैं।"

"मैं सुंदर हूं, मैं सबका प्यारा हूं," उसने अपनी बड़ी-बड़ी पलकें झपकाकर कहा तो सूरज को ग़ुस्सा आ गया। उसके अंदर तो पहले से आग थी। उसने लंबी सांस भरी और जब छोड़ी तो नाक से गर्म लपटें निकलीं। वो गरजकर बोला, "आसमान की रोशनी मुझसे है, मैं ना रहूं तो सब तरफ़ अंधेरा होगा। सब कुछ काला दिखेगा। जंगल काले, पहाड़ काले, नदी काली, आसमान काला और चांद भी काला।"

चांद की चित, तो सूरज की पट। लेकिन इस चित-पट से तो उनके बीच खटपट शुरू हो गई। अब चांद और सूरज ने लड़ना शुरू किया तो जंगल के भी दो हिस्से हो गए।

एक तरफ़ थे रात को जागने वाले, चांद से प्यार करने वाले चम्मू चमगादड़, गुल्लू उल्लू, टिमटिम जुगनू, झींझीं झींगुर और दूसरी तरफ़ थे रंगीली तितली, प्यारी मैना, कोयल, कठफोड़वा, बसंता, हाथी और शेर।

चम्मू चमगादड़ बोला, "चांद कितना सुंदर होता है। मैं तो पेड़ पर उल्टा लटककर उसको देखता रहता हूं।"

तभी कोयल कूकी और बोली, "सूरज की बात निराली है। सूरज के उगते ही सब कुछ दिखने लगता है।"

गुल्लू उल्लू बोला, "चांद ना हो तो आसमान कितना डरावना लगे।"

मस्त हाथी ने अपनी सूंड़ उठाई; ज़ोर से चिंघाड़ा और बोला, "सूरज न हो तो पेड़-पौधे मरने लगेंगे, फिर जंगल ही नहीं रहेगा और न रहेंगे हम।"

हाथी की बात सुनकर सब कांप गए।

तभी इतराता हुआ टिमटिम जुगनू बोला, "मुझे तो चांद ही पसंद है क्योंकि वो मेरी तरह एकदम दूधिया रोशनी देता है। चांद ही तो रात लेकर आता है। रात न हो तो मैं ज़िंदा ही न रहूं।"

जुगनू की बात शेर से सहन नहीं हुई। उसने पंजा मारकर उसे उड़ा दिया और भारी आवाज़ में बोला, "अरे मूर्खो! रात को चांद नहीं लाता, सूरज के छिप जाने से होती है रात।"

शेर की बात सुन के मैना उसकी पीठ पर जा बैठी और अपनी मीठी आवाज़ में बोली, "सूरज न हो तो हम ठंड से मर जाएं।"

"सूरज न हो तो बारिश के बाद कीचड़ ही कीचड़ हो," ठठेरे की तरह कुट-कुट करने वाले बसंता ने उसकी हां में हां मिलाई।

वहां आसमान में चांद और सूरज अकड़ रहे थे और यहां जंगल में जानवर झगड़ रहे थे। आसमान में भी शोर, धरती पर भी शोर।

न जाने कितने दिन ऐसे लड़ते झगड़ते बीते होंगे। चांद और सूरज इतना लड़ते कि एक दिन सूरज निकल आया और चांद अपने घर जाना भूल गया। अब आसमान में चमकता सूरज भी था और फीका सा चांद भी।

दोनों फिर कुछ कहते तभी आसमान में तेज़ आवाज़ हुई। चांद, सूरज और जंगल के सारे पशु-पक्षी डर गए। ये आवाज़ बादलों की थी। कुछ ही देर में पहाड़ के पीछे आसमान काला होने लगा। मोटे-मोटे बादल ऊपर उठने लगे। हवा चलने लगी। हवा तेज़ हुई तो बादल भी तेज़ी से उड़ने लगे

और उड़ते-उड़ते उन्होंने सूरज को भी ढंक लिया और चांद को भी।

अब कोई आसमान में देखे तो वहां बस बादल थे – गहरे काले, हल्के काले बादल!

बादलों के पीछे छिपे सूरज और चांद को अपनी ग़लती का एहसास हुआ कि सबकी अपनी-अपनी ताक़त है।

सूरज ने चांद की तरफ़ हाथ बढ़ाया तो चांद भी पलकें झपक कर मुस्काया। नीचे जंगल में सारे कीट-पतंगे, जानवर और पंछी हंस दिए।

झमाझम बारिश में सब नाच रहे थे।

जब करोगे अच्छे काम

अनीता सेठी

ये कहानी है गट्टू की, जिसका दोस्त एक चूहा था, चीं-चीं! अब ये गट्टू कौन था, जिसके चूहे का नाम चीं-चीं था?

पांच साल का गोल-मटोल गट्टू अपने पापा, मम्मी और दादी के साथ एक सुंदर से घर में रहता था। पापा, मम्मी और दादी गट्टू को बहुत प्यार करते थे। स्कूल से घर आते ही गट्टू सबसे पहले पीछे के बगीचे में जाता था। फिर वहां उस दीवार के पास जाकर खड़ा हो जाता, जहां किचन की खिड़की खुलती थी। यहीं तो था उसके चूहे चीं-चीं का घर। नाली की जाली के पास ख़ाली पड़े एक कनस्तर के पीछे थोड़ा पलस्तर उखड़ रहा था। बस वहीं पर चीं-चीं चूहा एक छोटे से बिल में रहता था।

गट्टू को देखकर चीं-चीं डरता नहीं था, बल्कि अपना चोंच जैसा मुंह बिल से बाहर निकाल कर गोल-गोल आंखों से टुकुर-टुकुर गट्टू को देखता रहता। शायद सोच रहा होता कि आज गट्टू उसके खाने के लिए क्या लाया होगा?

अपने टिफ़िन में से आधा खाया हुआ सैंडविच या फिर किचन से मम्मी की आंख बचाकर लाया हुआ लड्डू या बिस्किट। गट्टू चाहे जो भी लाये, चीं-चीं सब खा जाता था।

गट्टू का कई बार बहुत दिल करता था कि वह चीं-चीं को अपनी नीले रंग की तीन पहिये वाली साइकिल की सवारी करवाए, लेकिन चीं-चीं उसके हाथ नहीं आता था। चीं-चीं के आगे के दो दांत बहुत बड़े भी थे और तेज़ भी। कई बार उसकी देखा-देखी गट्टू ने भी रोटी दोनों हाथों में पकड़कर आगे के दोनों छोटे-छोटे दांतों से खाने की कोशिश की, लेकिन मम्मी से ख़ूब डांट खायी।

चीं-चीं को तो गट्टू अपना खिलौना समझता था, लेकिन कोई एक थी जिसे चीं-चीं से बहुत चिढ़ थी। वह थी गट्टू के पड़ोसी की बिल्ली, जिसका नाम था घंटी। कभी-कभी गेट खुला देखकर वो गट्टू के घर के अंदर घुस आती और चीं-चीं को ढूंढ़ती हुई बगीचे तक पहुंच जाती। अब इस घंटी के गले में घंटी कौन बांधता?

एक दिन गट्टू की मम्मी ने गट्टू से कहा, “गट्टू तुम्हें रोज़ एक अच्छा काम करना चाहिए।”

"क्यों मम्मी?" गट्टू ने पूछा।

"ऐसा करोगे तो सब तुम्हें और प्यार करेंगे," मम्मी ने कहा।

"फिर क्या होगा?" गट्टू ने एक और सवाल किया।

"जब सब तुम्हें प्यार करेंगे, तो ख़ुशी से तुम्हें हंसी आएगी," मम्मी बोलीं।

"फिर?" गट्टू ने फिर पूछा।

"फिर जब तुम हंसोगे तो तुम्हारे दांत और सफ़ेद दिखेंगे ..." मम्मी ने कहा।

"और क्या होगा?" गट्टू के सवाल बढ़ते जा रहे थे।

"हंसने से तुम्हारी आंखें काली और चमकदार दिखेंगी," मम्मी ने जवाब दिया।

गट्टू की समझ में इतना तो आ गया कि सफ़ेद दांत और चमकीली आंखें उसे भी अच्छी लगेंगी, लेकिन उनके लिए वो कौन सा अच्छा काम करे, ये नहीं समझ पा रहा था वो।

फिर एक दिन मटर छीलते हुए दादी के हाथ से मटर के दानों की प्लेट गिर गई। गट्टू ने फ़ौरन झुककर एक-एक दाना

अपने नन्हे हाथों से बीनकर प्लेट में डाल दिया। जब दादी ने उसके गालों को प्यार से चूमा, तो उसे हंसी आ गई। फिर कुछ याद करके वो भागकर अंदर गया और शीशे में देखा तो उसे अपने दांत थोड़े ज़्यादा सफ़ेद लगे, लेकिन आंखें अभी भी पहले जैसी थीं।

अगले दिन जब पापा ऑफिस जाने लगे तो अपना चश्मा अंदर ही भूलकर कार में बैठने लगे। गट्टू ने देखा तो चश्मा लेकर बाहर गया और पापा को पकड़ा दिया। पापा ने हंस कर प्यार से उसके बालों पर हाथ फेरा और चले गए। गट्टू ने झट से शीशे की तरफ़ दौड़ लगाई। अब उसे अपनी आंखें ज़्यादा काली और चमकीली लग रही थीं, लेकिन दांत पहले जैसे ही थे।

वो थोड़ा उदास हो गया, शायद उसे अभी और अच्छे काम करने की ज़रूरत थी।

फिर एक दिन बहुत बारिश हुई। चीं-चीं के बिल में भी पानी भर गया। वो भागकर गट्टू की दादी के ट्रंक के पीछे छुप गया। वही हरा वाला ट्रंक जिसमें दादी पता नहीं कौन-कौन सी अटरम-शटरम चीज़ें संभालकर रखती थीं। लेकिन मौक़ा देखकर घंटी वहां भी पहुंच गई।

अब क्या था! चीं-चीं आगे-आगे और घंटी उसके पीछे-पीछे।

पूरे घर में दोनों यहां से वहां, इधर से उधर भाग रहे थे। गट्टू को लगा आज तो चीं-चीं पकड़ा जाएगा। वो दौड़कर मम्मी को बुलाने किचन में गया, तो वहां मम्मी ने कटोरे में उसके लिए दूध ठंडा करने को रखा था।

गट्टू जल्दी से वो कटोरा लेकर कमरे में आया। उसने देखा चीं-चीं को ढूंढ़ते हुए घंटी भी वहीं घूम रही थी। गट्टू ने झट से वो दूध का कटोरा घंटी के आगे रख दिया। घंटी ने रुककर कटोरे को सूंघा और फिर लप-लप करके दूध पीने लगी।

बस चीं-चीं भी झट से बाहर निकला और ऊपर चढ़कर दुछत्ती में रखी पुरानी गठरी के पीछे छुप गया।

दूध पीकर घंटी का पेट भी भर गया और वो चीं-चीं को भूलकर अपनी मूंछें चाटती और पूंछ हिलाती बाहर चली गई। गट्टू हंसने लगा, क्योंकि आज उसने एक अच्छा काम किया था। वो भागकर शीशा देखने गया तो सचमुच आज उसके दांत सबसे ज़्यादा सफ़ेद लग रहे थे। आज उसकी आंखें भी सबसे ज़्यादा काली और चमकीली लग रही थीं। ख़ुश होकर उसने ऊपर दुछत्ती में देखा, तो वहां बैठा

चीं-चीं भी उसे देख रहा था। गट्टू को लगा कि चीं-चीं भी उसे देखकर हंस रहा था। उसके भी दांत चमक रहे थे और छोटी-छोटी आंखें भी!

एक था मेंढ़क एक थी टिटहरी

अनुलता राज नायर

मिनी के घर का बगीचा बहुत बड़ा था। न जाने कितनी सारी क्यारियां, न जाने कितने सारे फूल थे वहां – मोगरा, गुलाब, कनेर, जूही, चंपा, डहेलिया ... गिनने लगो तो सुबह से दोपहर हो जाए। क्या पता शाम ही हो जाए! बगीचे के बीच में एक बड़े से गोल घेरे में घास लगी थी, एकदम गदबदी सी हरी घास जिसको मिनी के पापा कभी-कभी मशीन चलाकर काट देते थे।

बगीचे के कोने में एक बड़ा सा पोखर था, पोखर यानी पॉन्ड! पानी से लबालब भरा हुआ। उसमें कमल के फूल तैरते रहते थे और पास में था पत्थरों का एक ढेर।

उस पत्थर पर हर शाम एक टिटहरी आकर टिर्र-टिर्र करती। टिटहरी जानते हो? अरे वही जिसके लंबे-लंबे पतले से पैर होते हैं और जो टिर्र-टिर्र करती है! तो उसकी तीखी आवाज़ सुनकर पेड़ों में बैठी छोटी-छोटी गौरैयां, हरे-हरे तोते और काले-काले कौए सब ही-ही करके हंसने

लगते। टिटहरी और ज़ोर से टिर्र-टिर्र करने लगती तो वहीं पोखर के पास बिछे पत्थरों से छलांग मार के हरिया मेंढ़क निकल आता और टर्र-टर्र करने लगता। बगीचा टर्र और टिर्र की आवाज़ से भर जाता।

टर्र-टर्र ... टिर्र-टिर्र, टर्र-टर्र ... टिर्र-टिर्र!

ठीक उसी समय मिनी और उसका भाई दीपू वहां खेलने आ जाते और टिटहरी अपनी टिर्र-टिर्र और मेंढ़क अपनी टर्र-टर्र बंद कर देते। अब दोनों वहां चुपचाप बैठकर मिनी और दीपू को बोलते हुए सुनते। उन्हें कभी मिनी की हंसी सुनाई देती तो कभी उसके गाने की आवाज़। कभी वो धीरे से दीपू के कान में कुछ कहती और फिर ज़ोर-ज़ोर से हंसने लगती।

इस पर टिटहरी और मेंढ़क उदास हो जाते।

टिटहरी बोलती, "कितना अच्छा है न, ये लोग कितनी तरह की आवाज़ें निकालते हैं ... कभी हंसते हैं, कभी गाते हैं!"

मेंढ़क फुदककर उसके पास आ जाता, "हां कितना अच्छा है ... एक हम हैं कि टिर्र और टर्र के सिवा कुछ बोल नहीं पाते और हम तो इनके जैसे खुस-फुस भी नहीं कर पाते।"

"सच्ची कितना मज़ा आता होगा न मिनी और दीपू को फुसफुसाने में!" टिटहरी उदास होकर बोलती तो मेंढ़क, "ह्म्म्म ..." कहकर चुप रह जाता।

गौरैया दोनों को समझाती, "तुम दोनों क्यों दुःख मनाते रहते हो, दुनिया में सब लोग अलग-अलग हैं। तुम दोनों अलग, ये तोता अलग, ये कौआ अलग, मैं अलग ... और सबकी आवाज़ भी अलग है। और वो उधर फूलों के ऊपर उड़ती सुंदर रंगबिरंगी तितलियों को देखो, वो तो बोल भी नहीं सकतीं, उनके पास तो आवाज़ भी नहीं! पर कभी देखा है उनको उदास?"

लेकिन टिटहरी और मेंढ़क पर गौरैया के समझाने का कोई असर नहीं होता। वो वैसे ही उदास होकर अपनी टिर्र-टिर्र और टर्र-टर्र करते रहते।

ऐसे ही दिन बीते और बरसात का मौसम आ गया। रोज़ शाम को बादल गरजने लगते, आसमान एकदम काला हो जाता और सूरज पता नहीं कहां गायब हो जाता।

बताओ तो, कहां गायब हो जाता है बारिश के समय सूरज?

और ये ... ये मेंढ़क को क्या हुआ? ये तो एकदम बावरा हुआ जाता है। पोखर से क्यारी, क्यारी से घास, घास से फिर पोखर तक छलांग लगाने लगा और टर्र-टर्र टर्राने

लगा। टिटहरी भी वहीं एक तरफ़ इकट्ठा किए रेत के ढेर पर खड़ी टिर्र-टिर्र करने लगी।

थोड़ी देर ऐसे ही टिर्र-टिर्र और टर्र-टर्र करते रहने के बाद दोनों, यानी मेंढ़क और टिटहरी चुप हो गए।

अरे यार क्या मज़ा है ऐसे चिल्लाने में! ख़ुश हो तब भी टिर्र-टिर्र, टर्र-टर्र और दुखी हो तब भी वही टिर्र-टिर्र और टर्र-टर्र। हम लोग मिनी और दीपू की तरह हंस क्यों नहीं सकते?

लेकिन उनके सवाल का उन्हें कोई जवाब नहीं मिलता। क्योंकि जवाब किसी के पास था ही नहीं। न गौरैया के पास, न कौए के पास, न ही तोते के पास।

उस दिन बादल थोड़ा ज़्यादा ही काले थे और बिजली भी चमक रही थी। सब अपने-अपने घर में दुबके थे – गौरैया, तितलियां, तोते, कौए, टिटहरी, मेंढ़क सब!

तभी आसमान से टप करके एक बूंद गिरी, फिर एक और टप ... फिर टप-टप-टप करती ढेर सारी बूंदें गिरने लगीं और झमाझम बारिश होने लगी। गौरैया, तितलियां, तोते, कौए, टिटहरी, मेंढ़क सब छिपे बैठे रहे लेकिन ये क्या?

अचानक घर का दरवाज़ा खुला और अंदर से दौड़ते हुए मिनी और दीपू बाहर निकल आए और बगीचे की घास पर लोटकर भीगने लगे। दोनों ज़ोर-ज़ोर से हंस रहे थे।

तभी घर के भीतर से मिनी और दीपू के मम्मी-पापा निकल आए और वो भी घास पर बैठ गए।

बारिश तेज़ होती जा रही थी। पोखर में पानी भरता जा रहा था। मिनी दौड़ते हुए पोखर के पास आई और उसकी नज़र मेंढ़क पर पड़ी।

वो ज़ोर से चिल्लाई, "टर्र-टर्र ..."

उसकी आवाज़ सुनकर दीपू और मम्मी-पापा हंसने लगे। पापा ने उसका माथ चूम लिया।

मिनी ने फिर जीभ मोड़ी और बोली, "टर्र-टर्र ..."

उनको ऐसे टर्राते देख टिटहरी भी फुदककर घास में चली आई और बोली, "टिर्र-टिर्र ..."

उसकी बोली सुनकर दीपू ने नक़ल उतारी, "टिर्र-टिर्र ..."

अबकी बार मम्मी ने दीपू के गीले गालों को चूम लिया। मिनी और दीपू बारिश में नाचते हुए टिर्र-टिर्र, टर्र-टर्र कर रहे थे।

टिटहरी और मेंढ़क ख़ूब ख़ुश हुए ... उन्हें अपनी आवाज़ बहुत अच्छी लग रही थी। गौरैया और तितलियां भी ख़ुश हुईं, तोते और कौए भी क्योंकि उन्हें पता था कि अब उनके दोस्त कभी उदास नहीं होंगे।

चुन्नू और चिड़िया

दीक्षा चौधरी

चुन्नू बड़ा प्यारा बच्चा था। प्यारे बच्चे कौन होते हैं? वो जो रोज़ स्कूल जाते हैं, अपने माँ-पापा, दादी-बाबा का कहना मानते हैं, अपना होमवर्क पूरा करके ही खेलने जाते हैं! और? और जो दूध का गिलास गट-गट करके पूरा खाली कर देते हैं, रोज़ ब्रश भी करते हैं और अपने दोस्तों से लड़ाई-झगड़ा नहीं करते। किसी को परेशान नहीं करते!

चुन्नू ये सारे काम करता था, तो वो हुआ ना प्यारा बच्चा!

चुन्नू पांच साल का था। सुबह उठकर जल्दी से तैयार होकर स्कूल जाता और मन लगाकर पढ़ाई करता। चुन्नू की टीचर तो हमेशा उसे स्टार बनाकर देती थीं। पता है कितने स्टार? पूरे चार! कभी-कभी तो आइसक्रीम भी बनातीं। उस दिन चुन्नू उछलता हुआ घर आता और सबको ये बताता फिरता, "मुझको मिली आइसक्रीम! मुझको मिली आइसक्रीम!"

दादी लाड़ से उसके गाल खींच देतीं। बाबा उसकी हथेली

पर एक सिक्का रख देते। चुन्नू बाबा से मिले सिक्कों को ख़र्च नहीं करता था। भला बच्चों को कहां ज़रूरत होती है पैसे ख़र्च करने की! तो चुन्नू उन सिक्कों को जमा कर देता था। कहां जमा कर देता था? अपनी छोटी सी, प्यारी सी गुल्लक में!

चुन्नू के स्कूल में भी ढेर सारे दोस्त थे और घर में भी! स्कूल में तो थे – सोनू, मोनू, टिंकी, पिंकी! और घर में कौन दोस्त था चुन्नू का, ये सीक्रेट तो चुन्नू ने अपने स्कूल वाले दोस्तों को भी नहीं बताया था।

कौन हो सकते थे घर वाले दोस्त?

उसके घर वाले दोस्त थे – कबूतर, तोता और चिड़िया!

चुन्नू की खिड़की के बाहर वाले छज्जे पर कबूतर आया करता था। कबूतर गुटर-गूं, गुटर-गूं बोलते हुए छज्जे पर इधर से उधर चक्कर काटता। चुन्नू भी वैसे ही चक्कर काटता और उसी की तरह बोलता, “गुटर-गूं, गुटर-गूं!”

कभी चुन्नू की खिड़की पर तोता आकर बैठ जाता। लाल-लाल चोंच वाले हरे तोते को देखकर चुन्नू गाना गाता, “मैं हूं तोता हरा-हरा ... हरा-हरा, हरा-हरा!”

और कहता, "तुम भी गाओ दोस्त!"

तोता भी अपनी गर्दन गोल-गोल घुमाता और कहता, "हरा-हरा, हरा-हरा!"

इस पर चुन्नू ताली बजाकर कहता, "बहुत अच्छा गाया तुमने! लाओ मैं तुम्हारे पंख पर स्टार बना देता हूं!"

चुन्नू हाथ बढ़ाता और तोता उड़ जाता।

फिर उसकी खिड़की पर चिड़िया आती। चिड़िया को देखकर चुन्नू गाता, "चीं-चीं, चीं-चीं करती चिड़िया! प्यारी चिड़िया छोटी चिड़िया!"

चुन्नू दादी के कहने पर अपने दोस्तों के लिए खाना और पानी भी रख देता था। पता है क्या खाते थे उसके दोस्त? कबूतर और चिड़िया तो दाना चुगते थे! बस थोड़े से, छोटे-छोटे से दाने! और तोते के लिए चुन्नू कोई फल रख देता, आम के मौसम में आम और अमरूद के मौसम में अमरूद!

सब बड़े मज़े लेकर अपना खाना खाते और फुर्र से उड़ जाते।

चुन्नू को सबसे ज़्यादा चिड़िया पसंद थी। छोटी सी, प्यारी

सी भूरे रंग की चिड़िया।

वो बहुत कम देर रुकती थी। जल्दी से दाना चुगती और फुर्र से उड़ जाती थी।

उसका जाना चुन्नू को बिल्कुल अच्छा नहीं लगता था। वो कुछ देर वेट करता कि शायद चिड़िया वापस आए। कभी तो चिड़िया वापस आ जाती और कभी नहीं भी आती। चुन्नू अपना क्रिकेट बैट उठाता और खेलने चला जाता। कौन से दोस्तों के साथ? स्कूल वाले दोस्तों के साथ – सोनू, मोनू, टिंकी, पिंकी!

पर आज चुन्नू चिड़िया के जाने के बाद बहुत उदास हो गया। वो अपने बाबा के पास गया और उनकी गोद में बैठ गया।

बाबा ने पूछा, "क्या हुआ मेरे चुन्नू को?"

चुन्नू बोला, "चिड़िया रोज़ चली क्यों जाती है?"

बाबा बोले, "उसके घर पर उसके दादी-बाबा, माँ-पापा उसका वेट कर रहे होंगे न!"

चुन्नू ने फिर सवाल किया, "कहां है उसका घर?"

बाबा ने जवाब दिया, “पेड़ पर।”

चुन्नू बोला, “कौन से पेड़ पर?”

बाबा बोले, “ये तो चिड़िया को पता होगा।”

चुन्नू फिर से उदास हो गया। अब वो कैसे पता करे? तभी उसके दिमाग में एक आईडिया चमका, “बाबा मुझे उसको अपने कमरे में ही रखना है! बताइए न बाबा कैसे रखूं?”

बाबा बोले, “पर कमरे में उसका मन कैसे लगेगा? पूरे दिन कमरे में कैसे रहेगी वो?”

चुन्नू बोला, “मैं उसको ख़ूब सारा खाना दूंगा, पानी दूंगा। उसको जो भी चाहिए होगा सब मंगवा लूंगा पापा से, फिर क्यों नहीं लगेगा मन?”

बाबा चुन्नू को समझाना चाहते थे, पर वो तो ज़िद पकड़कर बैठ गया कि चिड़िया को अपने कमरे में रखेगा। शाम को पापा आए तो उनसे भी कह दिया कि उसे बाज़ार से एक पिंजरा ला दें। उसने प्लान भी बनाया कि पिंजरे के अंदर दाना रखेगा और जब चिड़िया दाना खा रही होगी तब वह चुपके से पिंजरे का दरवाज़ा बंद कर देगा। पर पापा पिंजरा लाकर दें तब ना!

वो दादी के पास पापा की शिकायत लेकर गया। दादी बोलीं, "ठीक है! मैं मंगवा दूंगी पापा से पिंजरा, पर उससे पहले तुम्हें एक काम करना होगा!"

"कौन सा काम दादी?" चुन्नू ने पूछा तो दादी ने कहा, "तुम्हें पूरे दो दिन अपने कमरे में रहना है। बिलकुल बाहर नहीं निकलना। जो भी चाहिए होगा, सब मिल जाएगा। खिलौने, चॉकलेट, खाना सब कुछ! बस बाहर नहीं निकलना। स्कूल भी नहीं जाना, खेलने भी नहीं जाना।"

चुन्नू ने सोचा, ये तो बहुत आसान है।

"ओके दादी!" दौड़ते हुए वो अपने कमरे में जाकर बेड पर बैठ भी गया। दादी धीरे-धीरे चलकर आईं और कमरे का दरवाज़ा बाहर से बंद कर दिया। चुन्नू कुछ देर तो ऐसे ही बैठा रहा। फिर अपनी ड्रॉइंग बुक उठाई और उसमें ढेर सारी चिड़ियां बना दीं। लाल, नीली, हरी, पीली सब रंगों की चिड़ियां!

इतने में चुन्नू थक गया। उसने सोचा पानी पी लेता हूं। वो उठकर बाहर जाने लगा, पर दरवाज़ा तो बाहर से बंद था। उसने दादी को आवाज़ लगाई, "दादी! मुझे प्यास लगी है।"

दादी ने पानी का गिलास खिड़की से पकड़ा दिया।

चुन्नू ने पानी पिया और फिर से खेलने लगा।

शाम को डोरबेल बजी तो चुन्नू समझ गया कि पापा आए हैं। रोज़ पापा के आने पर वही दौड़कर जाता था और दरवाज़ा खोलता था। चुन्नू आज भी दौड़ा लेकिन दरवाज़े से टकरा गया क्योंकि दरवाज़ा तो बंद था।

उसने दरवाज़े से कान लगाकर सुना, सब लोग हंस रहे हैं, बातें कर रहे हैं।

"दादी! दरवाज़ा खोलो, मुझे भी बाहर आना है!"

दादी बोलीं, "पिंजरा नहीं चाहिए क्या? शर्त भूल गए?"

चुन्नू फिर से बेड पर बैठ गया।

थोड़ी देर में बाबा की आवाज़ सुनाई दी, "मेरी छड़ी कहां है? मैं सैर पर जा रहा हूं।"

रोज़ बाबा को छड़ी देने और उनके साथ जाने का काम भी चुन्नू ही करता था।

उसने फिर से दरवाज़ा खटखटाया और आवाज़ लगाई, "दादी! दरवाज़ा खोलो ..."

दादी की आवाज़ आई, "और पिंजरा?"

चुन्नू वापस अपनी जगह बैठ गया। कितनी बार अपने बिल्डिंग ब्लॉक्स से खेला, ड्रॉइंग बनाई, सो भी गया पर दिन तो ख़त्म ही नहीं हो रहा था।

जब उसने खिड़की से देखा कि मैदान में सोनू, मोनू और टिंकी, पिंकी उसके बिना ही क्रिकेट खेल रहे हैं, तो उसे रोना आ गया।

उसने ज़ोर से दादी को आवाज़ लगाई, "दादी दरवाज़ा खोलो! मुझे बाहर खेलने जाना है।"

दादी बोलीं, "अगर तुम बाहर जाओगे तो तुम्हें पिंजरा नहीं मिलेगा। शर्त भूल गए क्या?"

चुन्नू रोने लगा, "मुझे बाहर निकालो प्लीज़!"

दादी ने दरवाज़ा खोल दिया। पापा ने उसे गोद में उठा लिया।

फिर दादी ने उसे समझाया, "जैसे तुम कमरे में बंद नहीं रह पाए, तुम्हारा मन नहीं लगा, वैसे ही चिड़िया का नहीं लगेगा पिंजरे में।"

चुन्नू ने अपने आंसू पोंछ लिए। ये तो उसने सोचा ही नहीं था! चिड़िया को भी तो उड़ना अच्छा लगता होगा। उसको भी अपने दोस्तों से मिलने का मन करता होगा। क्या पता वो भी अपने दोस्तों के साथ क्रिकेट खेलती हो। और उसके तो माँ-पापा, दादी-बाबा भी यहां नहीं होंगे! छोटी सी चिड़िया कितनी उदास हो जाएगी!

दादी बोलीं, "बंद रहना किसी को भी अच्छा नहीं लगता। चाहे कुत्ता हो, बिल्ली हो, चिड़िया या तितली हो, किसी को भी बंद रहना पसंद नहीं।"

चुन्नू को सब समझ आ गया। वो बोला, "अब मैं ऐसा कभी नहीं करूंगा दादी।"

माँ-पापा, दादी-बाबा सब एक साथ बोले, "ये हुई न प्यारे बच्चों वाली बात!"

दादी बोलीं, "वो चिड़िया वाला गाना तो सुना!"

चुन्नू ने गाया, "चीं-चीं, चीं-चीं करती चिड़िया! प्यारी चिड़िया छोटी चिड़िया!"

दादी ने गाया, "और खी-खी, खी-खी हंसता चुन्नू! प्यारा चुन्नू, छोटा चुन्नू!"

तनु-मनु के छोटे-छोटे झगड़े

अनुलता राज नायर

छ: साल की तनु और आठ का मनु भाई-बहन थे। दोनों अपने मम्मी, पापा और दादी के साथ एक प्यारे से घर में रहते थे। घर प्यारा इसलिए था क्योंकि उसमें एक छोटा सा बगीचा था और बगीचा था तो चिड़ियां आती थीं। ढेर सारी चिड़ियां ... गौरैया, मैना, तोते, बुलबुल और भी कई जिनके नाम तनु-मनु नहीं जानते थे। माँ, पापा भी नहीं ... यहां तक कि सब कुछ जानने वाली दादी भी एक दिन एक पीली चोंच वाली चिड़िया का नाम नहीं बता पाई थीं।

तनु और मनु बहुत समझदार थे लेकिन दोनों की एक बात अच्छी नहीं थी – दोनों हमेशा आपस में लड़ते रहते थे।

“माँ इसने मेरी पेंसिल गुमा दी ... माँ इसने मेरी चॉकलेट खा ली ... माँ ये मेरी जगह बैठ गया ... माँ इसने मुझे धक्का दिया ...”

हर बात पर लड़ाई! माँ तनु को समझातीं कि बड़ा भाई है

तुम्हारा, उससे क्यों लड़ना? ऐसे ही वो मनु को भी समझातीं कि वो छोटी बहन है तुम्हारी, उससे क्यों लड़ना? माँ की बात सुनकर दोनों ख़ूब हंसते पर लड़ना नहीं छोड़ते, बल्कि किसी नई बात पर फिर लड़ बैठते।

एक दिन माँ को कुछ काम पड़ा और उन्होंने आवाज़ लगाई, "तनूsss," तो बाहर बगीचे तक सिर्फ़ उनकी नूsss पहुंची।

तनु अपनी ड्रॉइंग करते हुए मनु से बोली, "जाओ तुमको बुलाया है माँ ने!" तो मनु तुनक गया। तुनक गया मतलब थोड़ा सा ग़ुस्सा हो गया और बॉल को यहां-वहां लुढ़काते हुए बोला, "तुम्हें बुलाया है ... साफ़-साफ़ सुनाई दिया था 'त ... नू!'"

तनु ने ग़ुस्से में आकर अपनी ड्रॉइंग में एक लड़का बनाया और उसके सिर पर सींग बना दिए और एक पूँछ भी और नीचे लिख दिया – मनु।

मनु को ग़ुस्सा आया, उसने बॉल लुढ़काकर तनु की कलर बॉटल गिरा दी। इस सबके बीच माँ अंदर समझ गईं कि दोनों में से कोई नहीं आएगा और अपना काम किसी तरह ख़ुद ही कर लिया।

दोपहर को सारे काम निपटाकर जब माँ और दादी आराम करतीं तो तनु और मनु उनके पास लेट जाते। दादी रोज़ समझातीं कि उन्हें झगड़ा नहीं करना चाहिए। दादी की बात सुनते ही दोनों उठ के बैठ जाते और फिर झगड़ा शुरू!

"दादी, ग़लती हमेशा मनु करता है।"

"नहीं दादी, ये ही करती है ग़लतियां ... तनु को डांटिये ना!"

रोज़-रोज़ का झगड़ा एक दिन बड़ा हो गया और माँ उदास हो गईं। उन्होंने तनु और मनु से छोटी सी कट्टी कर ली।

माँ की कट्टी का कुछ तो असर हुआ। दोनों प्यार से रहने लगे? नहीं-नहीं ऐसा कुछ नहीं हुआ। वो दोनों अब ऐसे लड़ रहे थे –

"माँ तेरे कारण ग़ुस्सा हुई हैं!"

"नहीं तेरे कारण ..."

"सब तेरी ग़लती ..."

"नहीं तेरी ..."

दोनों दौड़ते हुए दादी के पास पहुंचे, "दादी बताओ किसकी ग़लती? बताओ कौन अच्छा?"

दादी परेशान हो गईं। किसकी साइड लें, किसको ग़लत कहें, किसको सही, किसको अच्छा? उन्हें पता है कि मनु की बात मानी तो तनु ग़ुस्सा हो जाएगी और तनु की मानी तो मनु रूठेगा। दादी ने एक ट्रिक लगाई –

"सुनो बच्चों, एक महीने तक तुम दोनों की ग़लतियां गिनी जाएंगी। जो कम ग़लती करेगा, वो अच्छा बच्चा माना जाएगा।"

तनु और मनु झट से मान गए लेकिन अब ग़लतियां याद कौन रखेगा? दादी तो सब भूल जाती हैं! कभी चश्मा, कभी लाठी तो कभी दवाई खाई कि नहीं, ये भी ... लेकिन दादी के पास इसका भी जवाब था।

दादियों के पास तो सब जवाब होते हैं, कुछ चिड़ियों के नाम छोड़ के!

दादी ने अपनी अलमारी से दो पैकेट निकाले। उन पैकेटों में फूलों के बीज थे। एक में पीले, एक में लाल फूल। दादी ने तनु-मनु को बगीचे में ले जाकर दो क्यारियां दिखाईं। एक मनु की ग़लती वाली क्यारी थी, एक तनु की!

उन्होंने तनु से कहा कि जब तुम्हें लगे मनु की ग़लती है तो

उसकी वाली क्यारी में बीज बो देना। उन्होंने मनु से भी वही कहा कि जब तुम्हें लगे तनु की ग़लती है तो तुम उसकी क्यारी में बीज लगा देना। यानी हर झगड़े के बाद एक बीज लगा देना और पानी से सींच देना।

अब तनु-मनु को खेल मिल गया। वो झगड़ा करने के बाद एक दूसरे को तंग करने की जगह चुपके से बगीचे में जाते और जिसकी ग़लती होती उसकी क्यारी में एक बीज लगाकर अंदर भाग आते।

उस दिन स्कूल जाते समय मनु ने तनु के झक्क सफ़ेद जूते पर अपने जूते रख दिए। तनु रोने लगी।

"दादी देखो इसने ग़लती की," वो चिल्लाई और बाहर बगीचे में जाकर मनु की क्यारी में अपने पैकेट से लाल फूल वाला बीज लगाकर आ गई। मनु भी पैर पटकने लगा और बोला, "दादी मैंने नहीं रखा पैर ... ये एकदम से मेरे सामने आई, ग़लती इसी की है ..."

फिर वो चुपके से बाहर गया और उसने अपने पैकेट से पीले फूलों वाला एक बीज तनु की क्यारी में लगा दिया।

ऐसे ही दिन बीत गए और पैकेट से सारे बीज हुए ख़त्म!

"दादी ..." चिल्लाते हुए दोनों उनके कमरे में भागे, जहां दादी अपने घुटनों पर तेल लगा रही थीं।

दोनों ने वहां पहुंचते ही शोर मचा दिया, "अच्छा कौन? अच्छा कौन?"

दादी ने दोनों के गाल खींचे और बोलीं, "जिसकी ग़लतियां कम होंगी वो! चलो बाहर बगीचे की क्यारियां देखते हैं।"

"अरे हां!" दोनों बाहर दौड़े। उनके पीछे धीरे-धीरे चलते हुए दादी भी आ गईं।

दादी ने गिनना शुरू किया, "एक, दो, तीन, चार ... "

दोनों बच्चे हैरान हो गए, दोनों क्यारियों में एक बराबर फूल थे! जितने लाल फूल, उतने ही पीले फूल!

"दादी!" दोनों ने दादी का पल्लू खींचा।

"इसका क्या मतलब? कौन जीता? किसकी ग़लतियां ज़्यादा?"

दादी मुस्कुराईं, "इसका मतलब ये कि हर बात में तनु को लगता है मनु की ग़लती है और मनु को लगता है कि तनु

की ग़लती है इसलिए तुम दोनों ने एक दूसरे की क्यारी में बीज बो दिए।"

"दादी इसका क्या मतलब?" दोनों ने फिर दादी का पल्लू खींचा।

दादी फिर मुस्कुराईं और बोलीं, "हमें दूसरों की ग़लतियां नहीं खोजनी चाहिए, अपनी ग़लती भी मान लेनी चाहिए, तभी प्यार रहता है, दोस्ती रहती है।"

इस बार तनु और मनु को दादी की बात समझ में आ रही थी।

तनु धीरे से बोली, "सॉरी दादी ..."

मनु भी बोला, "सॉरी दादी, अब हम नहीं लड़ेंगे।"

तभी माँ वहां आ गईं। उन्हें तो विश्वास ही नहीं हो रहा था कि आज वो ये क्या देख रही हैं! दोनों एक साथ? बिना झगड़े?

उन्होंने दादी को देखा तो दादी हंसने लगीं। तनु और मनु भी हंसने लगे। उन्हें देख माँ भी हंसने लगीं और क्यारियों में खिले लाल-पीले फूल भी तो हंस रहे थे।

ऊंट पी गया सारा पानी

दीक्षा चौधरी

रेगिस्तान के एक सुंदर से गाँव में छोटे-छोटे सुंदर-सुंदर घर थे। घरों की लंबी-लंबी कतारें थीं और गाँव के बीचोबीच एक बड़ा सा नीम था। नीम की बड़ी-बड़ी टहनियां थीं, जिस पर ख़ूब सारी छोटी-छोटी टहनियां थीं और उन छोटी-छोटी टहनियों पर थीं हरी-हरी पत्तियां। पता है कितनी पत्तियां? वो तो आज तक पेड़ के नीचे बैठा रहने वाला गोपी ऊंट भी नहीं गिन पाया था।

वो हर दोपहर पत्तियां गिनना शुरू करता, "एक, दो, तीन, चार ... दस, बीस ..." पर फिर थक जाता और कहता, "अरे कितनी ज़्यादा हैं ये तो!"

और फिर अपनी लंबी गर्दन ज़मीन पर टिकाकर सो जाता। उसकी गर्दन तो इतनी लंबी थी कि बैठे-बैठे ही वो नीम की पत्तियों को अपने मुंह से छू सकता था! गोपी ऊंट की पीठ पर एक कूबड़ भी था, जैसे सब ऊंटों के होता है।

नीम पर बैठे काले-काले कौए, नन्ही-मुन्नी चिड़ियां और

लाल चोंच वाले तोते जब भी गोपी से बात करने आते, तो उसके कूबड़ पर ही बैठते थे।

गाँव में एक तालाब भी था। छोटा सा तालाब। सब लोग वहीं से पानी पीते थे – गोपी, कौए, चिड़ियां, तोते, गायें और भैंसें भी।

हर साल जब बारिश होती, तालाब पानी से भर जाता। फिर वही पानी पूरे साल चलता। लेकिन इस बार तो बारिश ही नहीं हुई। तो फिर गोपी और उसके बाक़ी दोस्तों के पीने के लिए पानी कहां से लाया जाए?

गाँव के लोगों को एक आईडिया आया। सब अपने-अपने घर से एक-एक बाल्टी पानी ले आए और सारा पानी डाला तालाब में! देखते ही देखते इतना पानी जमा हो गया कि सबकी प्यास बुझ जाए – कौए, चिड़ियां, गोपी ऊंट, गायें, भैंसें – सबकी।

सब बड़े ख़ुश हुए। दौड़े-दौड़े तालाब तक पहुंचे। सबसे आगे गोपी ऊंट था।

"गट ... गट ... गट ..." गोपी तालाब में मुंह डुबोकर पानी पी रहा था।

पीछे लाइन में खड़े सभी जानवर और पक्षी इंतज़ार कर रहे थे कि कब गोपी पानी पीकर हटे और उनकी बारी आए। सबको बड़ी ज़ोर की प्यास लगी थी।

लेकिन गोपी था कि पानी पीता ही जा रहा था, पीता ही जा रहा था।

“आह! मज़ा आ गया ठंडा-ठंडा पानी पीकर,” गोपी बोला।

वह सामने से हटा तो सबने तालाब में देखा बिलकुल थोड़ा सा पानी बचा था। सारा पानी तो गोपी पी गया था!

“तुमने इतना पानी कैसे पिया?” सबने एक साथ गोपी से पूछा।

"मैं सात दिन का पानी एक साथ पी सकता हूं ना!" गोपी अपनी जीभ से मुंह साफ़ करते हुए बोला।

गोपी ऊंट अपने कूबड़ में सात दिन का पानी जमा कर सकता था। सारे ऊंट ऐसा कर सकते हैं, तभी तो वो रेगिस्तान में रह सकते हैं!

पर आज गोपी के ऐसा करने से सब परेशान हो गए थे।

नन्ही चिड़िया ने उससे पूछा, "अरे गोपी, अब हम क्या पियें?"

गोपी बोला, "मैं क्या बताऊं ... क्या पता कल पानी मिले न मिले इसलिए मैंने तो पी लिया एक साथ।"

इतना कहकर गोपी मस्ती में चलता हुआ नीम के नीचे जाकर बैठ गया।

सबने तालाब में बचे थोड़े से पानी में से मिल बांटकर पिया। एक चोंच कौए ने भरी, एक चिड़िया ने, एक तोते ने, गायों और भैंसों के लिए भी एक-एक घूंट पानी बचा। पूरी प्यास तो किसी की भी नहीं मिट पाई।

अगले दिन फिर यही हुआ। उससे अगले दिन भी। अब हर रोज़ यही होता ... गोपी सबसे तेज़ दौड़कर तालाब तक

पहुंचता और सारा पानी पी जाता। बाक़ी बचे लोगों को मिलता थोड़ा-थोड़ा पानी। वो तो बेचारे प्यासे ही रह जाते। जब लाल चोंच वाला तोता उससे कहता, “गोपी! तुम सात दिन का पानी क्यों पीते हो? पानी तो रोज़ मिल ही रहा है न!”

गोपी कहता, “और किसी दिन ना मिले तो?”

गोपी सबका इतना अच्छा दोस्त था, लेकिन सिर्फ़ अपने बारे में सोचता था। स्वार्थी होना तो कितनी ग़लत बात होती है, पर गोपी को ये बात समझाई कैसे जाए?

यही सोचते-सोचते कई दिन बीत गए। सब लोग प्यास से परेशान होने लगे। सबने मिलकर तय किया कि अब तो गोपी को समझाना ही होगा। और उनको आईडिया भी आ गया!

उस दिन जब दोपहर में गोपी पानी पीकर लौटा तो देखा नीम के नीचे तो गाय और भैंस फैलकर सो रही थीं।

गोपी ने उनसे पूछा, “अब मैं कहां बैठूं? तुम लोगों ने मेरे लिए तो जगह ही नहीं छोड़ी!”

भैंस ने एक आंख खोलकर उसको देखा और बोली, “हमें क्या पता ...”

गोपी सोच में पड़ गया कि अब क्या करे?

उसने नीम के पेड़ से कहा, "तुम ही अपनी छाया थोड़ी और फैला दो ना ताकि मैं भी बैठ सकूं।"

नीम का पेड़ उससे बोला, "मैं क्यों फैलाऊं? अब से मैं अपनी छांव तुम्हें देने से पहले ख़ुद के बारे में सोचा करूंगा।"

गोपी उदास होकर वहीं धूप में बैठ गया। थोड़ी देर बाद ही उसका गला सूखने लगा। वो उठकर तालाब की तरफ़ गया।

लेकिन तालाब ने उसे देखते ही पानी सिकोड़ लिया और बोला, "मैं क्यों पीने दूं तुम्हें अपना पानी? मैं क्यों सूखा धूप में जलता रहूं?"

उसकी बातें वहां से आते-जाते गाँव के लोगों ने सुनीं तो वो भी बोले, "और हम तालाब में पानी ही क्यों डालें?"

गोपी वहीं बैठ गया और बोला, "लेकिन आप ऐसा कैसे कर सकते हो?"

उसकी बात सुनकर कौए बोले, "तुम भी तो ऐसा ही करते हो ना गोपी? सिर्फ़ अपने बारे में सोचते हो ... सारा पानी पी जाते हो ..."

गोपी चुपचाप उनकी बात सुनता रहा। तोते और चिड़िया ने

भी उसको यही बात समझाई।

अगले दिन जब तालाब पर पानी पीने जाने का वक़्त हुआ, तो गोपी ऊंट ही सबसे पहले दौड़ा। लेकिन आज उसने सारा पानी नहीं पिया। सिर्फ़ एक बार की प्यास बुझाई और सबसे बोला, "जल्दी आओ दोस्तो! देखो कितना सारा पानी बचा है ... तुम सब भी पियो!"

उसकी बात सुनकर सब पहले तो हैरान हुए, फिर तालाब में बचा ख़ूब सारा पानी देखकर जल्दी-जल्दी पीने लगे। इतने दिन बाद इतना सारा पानी पीकर सब बहुत ख़ुश थे।

गोपी ने अपनी ग़लती मानते हुए कहा, "अब मैं स्वार्थी नहीं बनूंगा। सबके बारे में सोचूंगा, सबका ख़्याल रखूंगा।"

ये सुनकर सब बहुत ख़ुश हुए। स्वार्थी लोगों से कोई दोस्ती नहीं करता, कोई प्यार भी नहीं करता। पर अब गोपी तो ऐसा नहीं रहा था इसलिए सब फिर से उसके दोस्त बन गए।

तोते, चिड़ियां और कौए सब उसके कूबड़ पर बैठकर उसे प्यार करने लगे।

टॉर्च वाला ट्विंकल

अनुलता राज नायर

एक छोटे से शहर में बड़ा सा बगीचा था। वो शहर का सबसे सुंदर बगीचा था। सबसे सुंदर वो इसलिए था कि वहां कई साल पुराने पेड़ थे – पीपल, नीम, बरगद, गूलर के साथ-साथ और भी कई जिनके नाम तक लोगों को नहीं पता थे।

बगीचे में ढेर सारे फूलों वाले पौधे भी थे। उनके नाम भी लोगों को पता नहीं थे।

रंग-बिरंगे बाग़ में हर समय ख़ुशबू फैली रहती थी। ये बात सबको बहुत अच्छी भी लगती थी।

बगीचे में फूलों पर सुंदर-सुंदर तितलियां आतीं। गुनगुन करते भंवरे आते। जामुन की डाल पर मधुमक्खियां अपना छत्ता बनातीं, जिसमें से मीठा शहद टपकता। न जाने कितनी तरह की चिड़ियों का घर था वो बगीचा। सुबह होते ही उनके चहकने की आवाज़ दूर तक सुनाई देती।

स्कूल जाने वाले बच्चे रुक-रुककर बगीचे को देखते। कभी-कभी बच्चों के मम्मी-पापा भी स्कूल बस छूट जाने की चिंता

छोड़ के चिड़ियों का गाना सुनते। उनकी बोली किसी की समझ में तो नहीं आती पर कानों को अच्छी लगती।

इस बगीचे में एक और बात थी जो लोगों को बहुत अच्छी लगती थी और ये बात बहुत ख़ास थी। उस बगीच में जुगनुओं का छोटा सा झुंड रहता था। शाम को सूरज ढल जाता और फिर जब एकदम घुप्प अंधेरा हो जाता तो बगीचे में झप्प से टिमटिमाती हुई रोशनी लिए ये छोटे-छोटे जीव आ जाते।

घनी झाड़ियों में बैठे ये जुगनू ऐसे लगते जैसे वहां बल्ब लगे हों। पर ये जुगनू पूरे समय बैठे थोड़ी रहते थे, वो तो पूरे बगीचे में यहां-वहां घूमते। ऐसा लगता जैसे कोई चौकीदार है जो टॉर्च लिए बगीचे की रक्षा कर रहा है। ये जुगनू अपनी रोशनी की मदद से एक दूसरे को संदेश भेजते हैं। यानी ये रोशनी उनकी लिखी चिट्ठियां हैं। काश कि सब लोग पढ़ पाते वो चिट्ठियां।

एक दिन जुगनुओं का झुंड बगीचे में उड़ रहा था तभी एक छोटे जुगनू ने गिलहरी का एक परिवार देखा। ये सबसे चमकीला जुगनू था। उसका नाम 'ट्विंकल' था। ट्विंकल को लगा कि गिलहरी का परिवार उदास है। पापा गिलहरी, मम्मी गिलहरी के साथ गुल्लू और नटी गिलहरी भी उदास

थे। वो अपनी झबरीली पूँछ उचकाकर आवाज़ भी नहीं कर रहे थे। इतना चुपचाप कौन बैठता है भला?

ट्विंकल जल्दी से उनके पास पहुंच गया।

"आप सब ऐसे क्यों बैठे हैं? क्या आपके पास मूंगफली ख़त्म हो गई है?"

नटी गिलहरी ट्विंकल का दोस्त था। वो जल्दी से अपने पंजों पर खड़ा हो गया और ट्विंकल जुगनू उसकी नाक के पास बैठ गया। ट्विंकल ने फिर पूछा, "बताओ दोस्त क्यों उदास हो?"

नटी को ज़ोर से रोना आया। वो आंसू बहाते हुए बोला, "हमारे पास रहने को कोई जगह नहीं। हमारे बिल में पानी भर गया है। हमारा घर डूब गया। हमारा सारा खाना बह गया।"

नटी को रोता देख उसका छोटा भाई गुल्लू भी रोने लगा। उसने गीली मिट्टी में दबे हुए दाने दिखाए और बोला, "भैया अब हमारे पास खाना भी नहीं है और घर भी नहीं। और यहां कितना अंधेरा है, मुझे तो डर भी लग रहा है।"

ट्विंकल सोच में पड़ गया। उसने कुछ देर सोचा और फिर धीरे से उड़ गया। उसके उड़ते ही बगीचे में फिर से घुप्प अंधेरा हो गया। नटी और गुल्लू को अब अपने मम्मी-पापा तक दिखाई नहीं दे रहे थे। वो और उदास हो गए।

दूर पेड़ पर बैठे दो उल्लू भी उनको देख के उदास हो गए। उल्लुओं ने सोचा कि ट्विंकल को अपने दोस्त के परिवार को ऐसे अंधेरे में छोड़ के नहीं जाना चाहिए था। ऐसा ही गुल्लू और नटी के मम्मी-पापा ने भी सोचा होगा।

उड़ते-उड़ते ट्विंकल जुगनू ने पूरे बगीचे का चक्कर लगाया।

सबसे पहले उसने आम के पेड़ की कोटर में झांका।

वहां बैठे दो सांपों को देख के वो ज़ोर से कांपा।

ट्विंकल भागा ...

अब उसने नीम के नीचे बने बिल में ताका। अरे वहां तो चुनचुन चूहे का घर था!

ट्विंकल ने ज़ोर से पंख फड़फड़ाए और पास ही मिट्टी के ढेर पर बैठ गया।

उसे लगा नटी और गुल्लू गिलहरी के लिए घर मिल गया।

अरे नहीं! ये तो बांबी थी, यानी चीटियों का घर।

ट्विंकल फिर भागा ... वो भागता रहा, उड़ता रहा। एक पेड़ से दूसरे, एक झाड़ी से दूसरी झाड़ी, एक बिल से दूसरे बिल तक।

आख़िर उसकी खोज पूरी हुई। उसे ऊंचे-ऊंचे बांस के झुंड में ख़ूब सारे खोखले बांस के पेड़ मिले। वो उछल पड़ा और ज़ोर से चिल्लाया, "मिला, मिला, घर मिला!"

ट्विंकल के उछलने से उसकी पूंछ पर लगी रोशनी भी उछली। झाड़ियों में छिपे जानवर और घोंसलों में दुबकी चिड़ियां भी बाहर झांकने लगीं।

ट्विंकल उड़ता हुआ अपने दोस्त के परिवार के पास पहुंचा और फिर से उछला और चिल्लाया, "मिला, मिला, घर मिला!"

गुल्लू, नटी और उनके मम्मी-पापा भी ख़ुशी से उछल पड़े और ट्विंकल की टॉर्च की रोशनी के पीछे-पीछे चारों चल पड़े। अपना नया घर उन्हें ख़ूब पसंद आया और चारों ने मदद के लिए ट्विंकल का शुक्रिया अदा किया।

आओ रंग भरें!

टॉर्च वाले ट्विंकल में

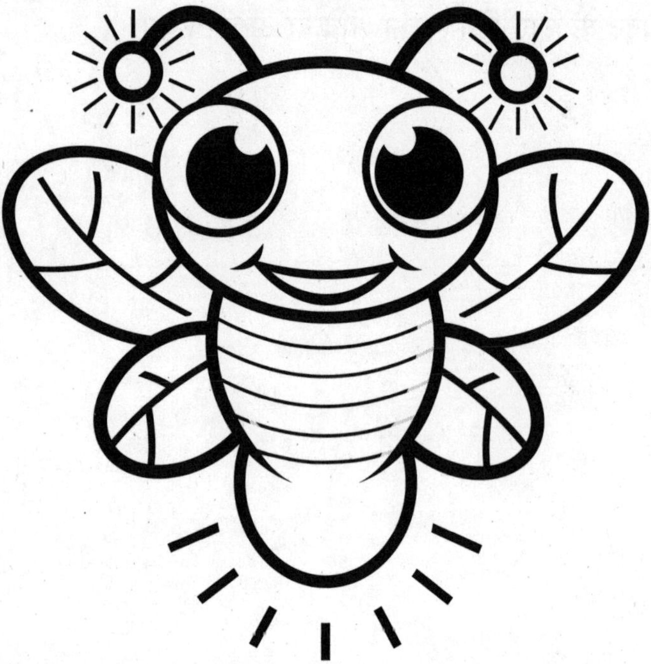

रूमी की छतरी में

छोटे नीलू राक्षस में

चमकते सूरज चांद में

चीं-चीं के दोस्त गट्टू में

हरियाले हरिया मेंढ़क में

चुन्नू की प्यारी चिड़िया में

तनु-मनु के फूलों में

प्यासे गोपी ऊंट में

अनुलता राज नायर एक वरिष्ठ लेखिका और स्लो कॉन्टेंट प्रा. लि. में क्रिएटिव हेड हैं। आप 2014 में नीलेश मिसरा की मंडली से जुड़ीं और विभिन्न शोज़ के लिए साढ़े तीन सौ से अधिक कहानियां लिख चुकी हैं। अब आप मंडली की हेड हैं और नीलेश मिसरा क्रिएटिविटी स्कूल द्वारा आयोजित 'स्लो मास्टर क्लास' की मेंटर हैं।

दीपक हीरा रंगनाथ स्लो कॉन्टेंट में सीनियर राइटर हैं। आपने भारतीय फ़िल्म और टेलिविज़न संस्थान से पढ़ाई की है और फिलहाल पुणे में रहते हैं। नीलेश मिसरा की मंडली में रहते हुए आपने कई बड़े प्लेटफ़ॉर्म्स के लिए हर विधा की कहानियां लिखी हैं।

अनिता सेठी हिंदी और अंग्रेज़ी दोनों तरह के साहित्य में रुचि रखती हैं। आपने दिल्ली यूनिवर्सिटी से पढ़ाई की है और नौएडा में रहती हैं। कहानियां, लेख और कविताएं लिखने के साथ-साथ वाद-विवाद और भाषण में भी रुचि रखती हैं। आप नीलेश मिसरा की मंडली की सदस्य हैं और अब तक कई रेडियो स्टोरीज़ लिख चुकी हैं।

दीक्षा चौधरी श्रीगंगानगर, राजस्थान से हैं। आपने *यादों का इडियट बॉक्स विद नीलेश मिसरा* सीज़न फ़ाइव से कहानियां लिखने के सफ़र की शुरुआत की थी और फिर नीलेश मिसरा के बेहद लोकप्रिय शोज़ *क़िस्से लॉकडाउन के* और *भूतकाल* में भी कहानियां लिखीं। बचपन और गाँव आपकी कहानियों में भरपूर पाया जाता है। दीक्षा वर्तमान में TVF, मुंबई में कार्यरत हैं और इसी साल रिलीज़ हुए शो *वेरी पारिवारिक* सीज़न वन की राइटिंग टीम में शामिल हैं।

स्लो इंप्रिंट की अन्य किताबें

स्लो इंप्रिंट एक हिस्सा है नीलेश मिसरा द्वारा स्थापित "द स्लो मूवमेंट" का, एक अभियान जिसकी कोशिश है कि साफ़-सुथरे कॉन्टेंट, उत्पादों और अनुभवों के माध्यम से अपने सदस्यों को ठहराव, सहजता और मन की शांति दे। नीलेश मिसरा की रेडियो और डिजिटल माध्यमों पर सुनाई गई कहानियां, गाँव कनेक्शन के ज़रिये गाँव से सरोकार बढ़ाना, स्लो बाज़ार के माध्यम से ग्रामीण उत्पादों को शहरी लोगों तक पहुंचाना, स्लो म्यूज़िक के ज़रिये लोक संगीत और लेखन-प्रमुख संगीत को आगे बढ़ाना, इस प्रयास का हिस्सा हैं।

स्लो इंप्रिंट किताबों की एक शृंखला है जो फ़िक्शन और नॉन-फ़िक्शन साहित्य आप तक पहुंचाएगी। इसमें काल्पनिक कहानियां, गीत-कविताएं, साक्षात्कार, यात्रा वृतांत और बाल-साहित्य शामिल होंगे।

नीलेश मिसरा की दुनिया से जुड़ने के लिए स्कैन करें
नीचे दिया गया QR कोड